AF187534

„Seele, wohin gehst du,
wenn ich sterbe?"

Veronika Vollmer
Martine Blankenburg

„Seele, wohin gehst du, wenn ich sterbe?"

Impressum

Bibliografische Information der Deutschen Nationalbibliothek:
Die Deutsche Nationalbibliothek verzeichnet diese Publikation in der Deutschen Nationalbibliografie; detaillierte bibliografische Daten sind im Internet über http://dnb.dnb.de abrufbar.

Herstellung und Verlag: BoD – Books on Demand, Norderstedt

ISBN: 9783748172666

Veronika Vollmer -
Psychologische Beraterin

Martine Blankenburg -
Kunsttherapeutin

Beide sind ehrenamtlich in der
hospizlichen Sterbe- und
Trauerbegleitung tätig.

www.federnflug.de

Vorwort

Im Traum passiert es mir immer wieder, dass ich mit Leichtigkeit schweben kann; schwerelos bewege ich mich über den Boden, gleite unbeschwert dahin und genieße dieses herrliche Gefühl.

Dieses Gefühl von Leichtigkeit wollte ich vermitteln und eine kleine Vorahnung davon an die Menschen geben, die sich wie ich Gedanken machen, wie es sein wird, wenn wir nicht mehr in unserem Körper sind und die Reise in die Anderswelt antreten. Es geht also darum, wohin unsere Seele geht, wenn wir sterben; bzw. was passiert nach dem Tod mit uns.

Im Traum begegnet der Protagonistin Josie die Seele Fine, die ihr zeigt, wie schön es auf der anderen Seite ist, wie viel LIEBE und VERBUNDENHEIT dort zu finden sind. Und man erfährt, wie viele magische Momente in diesem Leben ein Vorgeschmack auf das jenseitige Leben sein können.

Die Illustration der von mir geschriebenen Geschichte übernahm die Kunsttherapeutin Martine Blankenburg mit ihren ausdrucksstarken Bildern.

Sereetz, Winter 2018/2019

Veronika Vollmer & Martine Blankenburg

Kapitel 1

Es ist Ende November.

Die Sonne scheint und durch die Terrassenscheiben wärmt sie auch ein wenig. Ich genieße die Wärme der Sonne.

Die Vögel scheinen die Wärme der Sonne ebenfalls zu genießen, sie fliegen spielend in den Büschen umher.

Irgendwie hat man das Gefühl, dass es Frühling sein könnte…aber die Bäume sagen etwas anderes. Die Blätter liegen am Boden und es sind auch keine Knospen zu sehen.

Anders als bei den Menschen kommen die Knospen und Blätter aber im nächsten Jahr wieder.

Wir Menschen erleben zwar vielfach den Frühling der Natur…aber selbst haben wir jede Zeit nur einmal.

Vom Embryo zum Fötus,
vom Säugling zum Baby,
vom Kleinkind zum Kita-Kind,
vom Schulkind zum Jugendlichen,
vom jungen Erwachsenen zum Erwachsenen.

Und dann durchleben wir den Sommer unseres Lebens, den Herbst und irgendwann kommen wir zum Winter...ja und dann ist es vorbei, das Menschenleben.

Es kommt bei uns Menschen sowie auch bei den Pflanzen und Tieren vor, dass manche den Winter nicht erreichen und vorher sterben.

Mir fällt dazu die Geschichte eines lieben Menschen ein, der sich am Anfang des Winters befindet.

Als ca. 5jähriger saß er im Sandkasten und spielte, da sah er, dass sich ein Maikäfer aus der Erde grub, er sah die Geburt dieses Maikäfers.

Der Maikäfer faltete seine Flügel aus und erhob sich in die Luft. Er setzte sich auf einen Ast und „schwupp" wurde er von einem Vogel gefressen. So kurz kann das Leben sein. Dieses Erlebnis hat ihn geprägt und dazu gebracht zu sagen:

„Das Leben ist schön, so lange es dauert."

Ist das Leben wirklich immer schön?

Meine Generation, die man als Nach-kriegskinder bezeichnet, hat es gut gehabt. Keine schweren Zeiten wie bei den Kriegs-kindern und auch keine Hungerjahre nach dem Krieg. Wir leben in einem der reichs-ten Länder der Welt. Uns geht es gut.

Wenn das Leben jetzt so schön ist, was passiert dann nach dem Tod mit uns?

Sollten wir uns einfrieren lassen, damit wir dem Tod entgehen?

Wo ist der Jungbrunnen, aus dem wir trinken und so ewig leben können?

Wollen wir ewig leben, oder gibt es da-nach noch etwas Schöneres?

Meine Oma hat auf diese Frage geant-
wortet:

*„Es muss dort im Jenseits schön
sein, denn es ist noch niemand
zurückgekommen."*

Kapitel 2

Ich liebe es, meinen Gedanken nachzuhängen…manchmal gleitet man auch in einen leichten Schlaf hinüber…oder in einen Tagtraum. Ja, und in so einen Traum bin ich mit der Frage:

„Was kommt nach dem Tod?"

hinübergeglitten.

Ich sehe mich um und erblicke ein großes Ohr…nur ein Ohr…so, wie ein Höhleneingang.

Es ist nichts und niemand zu sehen. Neugierig, wie ich von Natur aus bin, schaue ich in das Ohr. Im Eingangsbereich des Ohres sitzen drei Männer und spielen Skat.

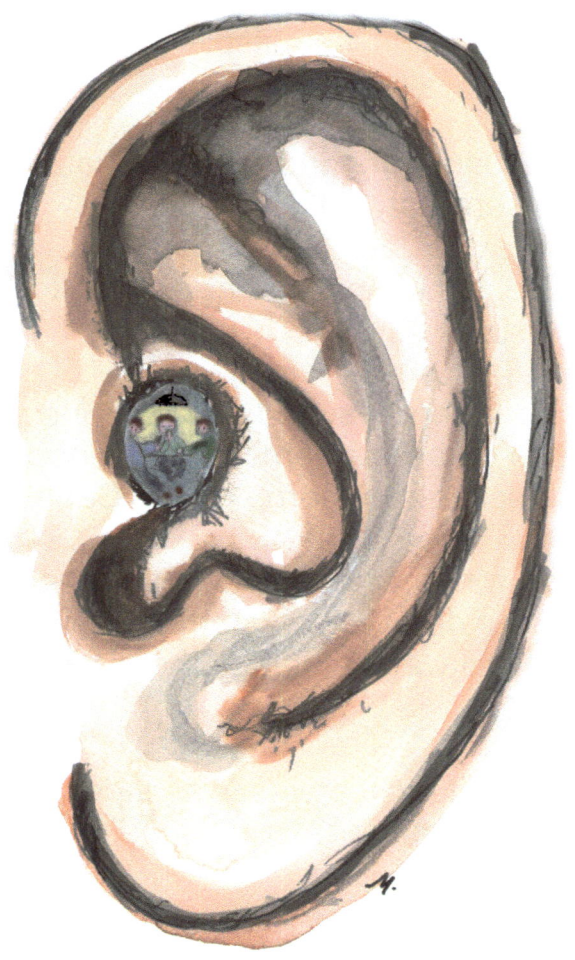

Sie schauen mich an, sagen aber nichts. Irgendwie sehen sie mit ihren karierten Hemden wie Bauarbeiter aus.

„Hallo, kann ich mitspielen?" frage ich sie.

„Wir sind drei und spielen Skat. Wie lautet unsere Antwort?"

„Tja, ich kann sie ahnen, aber könnt ihr Canasta?"

Die Männer lachen herzhaft und sagen „Wenn du auf deinem Rückweg noch Zeit hast, spielen wir gerne mit dir Canasta."

Ich winke ihnen noch zu und mache mich auf den Weg. Warum sollte ich auf dem Rückweg keine Zeit mehr haben, denke ich.

Ist Zeit nicht etwas, was jeder Mensch anders empfindet?

Für kleine Kinder, die auf den Weihnachtsmann warten, ist ein Tag viel länger, als für die Mutter, die noch alles für die Bescherung vorbereiten muss.

Für Liebende, die sich nur am Wochenende sehen können, sind die Wochentage wesentlich länger, als für die, die sich täglich sehen.

Ich habe das Gefühl, dass die Zeit in jungen Jahren langsamer läuft, als in den späten Jahren.

Für einen Menschen, der seinen Tod akzeptiert und der vor Schmerzen nicht mehr leben möchte, für den zieht die Zeit sich unendlich.

Für einen Menschen, der sich ebenfalls vor Schmerzen wegbeamen möchte, der aber Angst vor dem Tod hat, für den vergeht die Zeit zu schnell. Ängste steigen in ihm hoch.

„Was oder wer erwartet mich auf der anderen Seite?"

Meine vor vielen Jahren verstorbene Freundin hatte Angst vor dem Übergang. Der Krebs fraß ihren Körper auf und die Schmerzen waren unerträglich. Sie hatte Angst vor ihrer Mutter, die sie im Leben immer „bestimmt" hatte, sie fürchtete sich auch jetzt im Angesicht des Todes vor ihrer verstorbenen Mutter. Sie sah den „Tod" in der Ecke ihres Hospizzimmers stehen und bat mich, ihn weg zu schicken. Mir steigen jetzt noch die Tränen hoch, wenn ich daran denke. Ich konnte sie nur damit beruhigen, dass ihr verstorbener Bruder schon auf seine kleine Schwester aufpassen würde.

Dieses Hospiz wird von katholischen Nonnen geführt. Nachdem meine Freundin verstorben war, ging ich noch einmal hin, um mich für die liebevolle Begleitung zu bedanken. Die Nonne sagte: „Hätte ihre Freundin einen Glauben gehabt – egal welchen – dann wäre ihr das Sterben nicht so schwer gefallen."

Seit dieser Zeit lässt mich die Frage nach dem, was mit uns nach dem Tod „geschieht", nicht mehr los.

Ich habe Berichte von Menschen mit Nahtoderfahrungen gelesen und sie sagten alle, dass auf der anderen Seite

etwas Schönes ist,

etwas Himmlisches,

etwas Verbindendes,

etwas, das man mit Worten nicht beschreiben kann, da es so schön ist.

Kapitel 3

Nun aber zu meinem Weg durch die „Ohrhöhle".

Ich höre die drei Männer noch lachen und dabei immer wieder das Wort „Zeit" singen.

Wohin führt der Weg? Bekomme ich dort eine Antwort auf meine Frage: Was passiert mit uns, wenn wir sterben?

Ich versuche zu laufen, um schneller ans Ziel zu kommen. Aber Laufen kann ich das nicht nennen, was ich jetzt tue. Es ist wie Schweben, aber ich habe keinen Einfluss auf die Geschwindigkeit. Es ist ein angenehmes Gefühl. Mir bleibt nichts anderes übrig, als mich diesem Tempo und der Art der Fortbewegung hinzugeben. Und ich tue es sehr gern. Es hat so eine Leichtigkeit.

Ich überlege noch, ob ich mich umdrehen und zurückgehen soll. Etwas in mir sagt: „Ja, dreh dich um und geh zurück", aber der Rest sagt: „Nein, nein, bitte nicht…hier ist es so schön." Man spürt nur dieses Wohlbehagen, keine Wehwehchen, keine trüben Gedanken, keinen Zeitdruck.

So muss sich ein Baby im Bauch seiner Mutter fühlen, schwebend im Fruchtwasser und geliebt von den zukünftigen Eltern.

Es hätte endlos so weitergehen können, aber ich höre eine zarte Stimme, die mich ruft:

„Hallo!"

Sie ist so warm und liebevoll. Ich öffne die Augen und sehe eine weiße Kugel wie aus Seifenschaum. Sie sieht so zart aus und sie riecht so süß wie Marshmallows, und die Stimme ist so hell und fein, wie die eines kleinen Kindes.

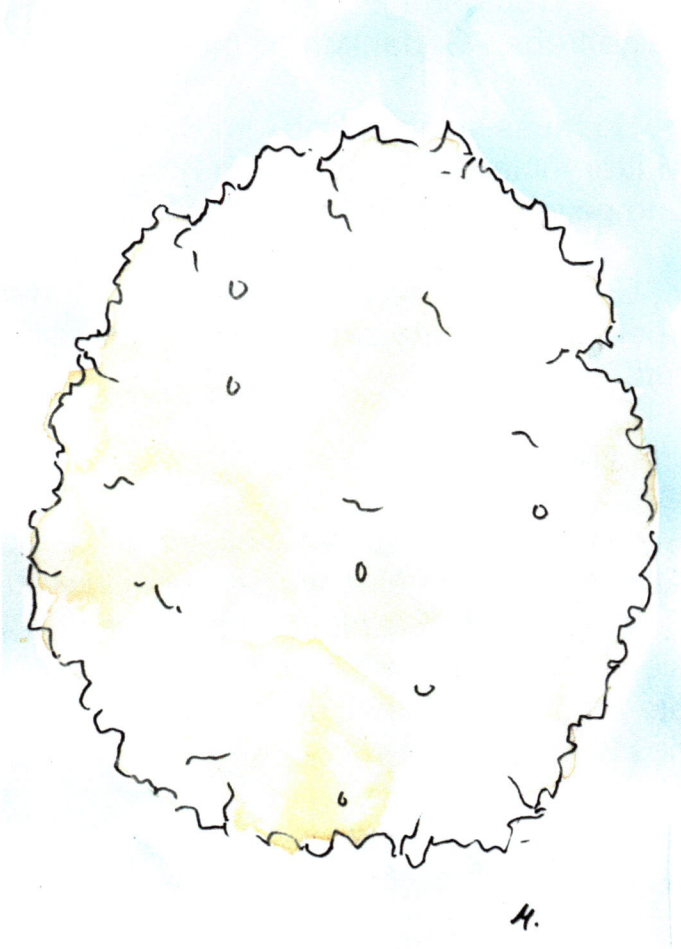

Ich weiß nicht, wie ich diese Kugel ansprechen soll, wohin ich sprechen soll. Sie hat keine Augen, in die ich blicken kann. Im ersten Moment finde ich es befremdlich, aber es geht von dieser weißen Kugel ein Gefühl von Wärme aus, sodass alles andere egal ist.

Ich frage sie, wie ich sie ansprechen kann und sie sagt: „Nimm doch den Namen, den du mir in Gedanken schon gegeben hast: „Fine", weil ich so fein aussehe."

Baff, ich war baff, kann sie meine Gedanken lesen?

„Was oder wer bist du?" frage ich sie. „Wer ich bin, das weißt du doch. Ich bin Fine"- und sie lacht so herzlich, dass ich mitlachen muss. Na klar, Fine. Ich glaube, die Situation überfordert mich.

„Fine, was bist du?"
„Es gibt viele Bezeichnungen für mich: Engel, Seele, Geistsamen. Du bevorzugst

die Bezeichnung Seele. Ich möchte dir eine Antwort auf deine Frage zeigen. Willst du mit?"

Dieses Mal überlege ich nicht mal den Hauch einer Sekunde. Ich will mehr davon. Ich halte einen kleinen Moment inne und frage mich, ob ich wohl auf Droge bin…

„Nein, du bist nicht auf Droge. Du hast dir eine Frage gestellt, und die möchte ich dir beantworten. Komm mit, ich zeig dir etwas."

Wir kommen zu einem großen Raum ohne Wände, ohne Türen und ohne Fenster. Er hat keine sichtbaren Grenzen, und doch habe ich das Gefühl, dass es sich um einen Raum handelt. Hier gibt es viele, sehr viele von den kleinen Kugeln, von den Seelen. Ich kann spüren, wie glücklich sie sind, wie sehr sich freuen an diesem Ort zu sein. Es überkommt mich ein so übermächtiges Glücksgefühl.

Es ist ein ähnliches Gefühl, wie damals, als ich mit 15 Jahren meinen ersten „richtigen" Kuss bekam, bei dem mir das Herz fast aus der Bluse gesprungen ist und in meinem Kopf ein gewaltiges Feuerwerk stattgefunden hat. Eine solche Wirkung hat dieser „Raum" auf mich.

Kapitel 4

Ich sehe, wie eine Seele in diesen Raum schwebt. Die anderen fangen sie auf und begrüßen sie voller Herzlichkeit und Freude. „Fine, woher kommt diese Seele?" frage ich.

„Schau mal nach dort!" und sie zeigt auf eine Gruppe Menschen, die um ein Bett stehen. „Opa Ede ist gestorben und dies ist seine Seele."

Fine erzählt, dass eine der Enkelinnen folgenden Text am Sterbebett vorgetragen hat:

„Lieber Opa Ede, du bist der wundervollste Mensch für uns gewesen. Du hast uns so viel gelehrt und das Wichtigste davon ist, dass wir einander lieben sollen.

Opa, dein Körper ist alt geworden und er mochte nicht mehr. Deine Liebe wird immer bei uns bleiben und weil wir dich so sehr liebhaben, geben wir deine Seele jetzt in die Hand deines Schöpfers zurück."

Mit diesen Worten öffnet sie das Fenster und Opa Edes Seele kann wieder heimkehren.

Josie – Opa Ede war schon einige Male auf der Erde, er ist eine reife Seele. In seinen Augen konnte man Liebe sehen. Die Verabschiedung von Opa Ede war etwas ganz Besonderes und es wäre so schön, wenn jede Seele von den Hinterbliebenen so begleitet würde. Aber dies passiert nicht so oft. Ganz besonders schwer ist es für die Seelen, die von den Hinterbliebenen durch deren Trauer am „Heimgang" gehindert werden.

In einigen Fällen ist es zu verstehen, warum das so ist, wenn beispielsweise der junge Familienvater aus dem Leben gerissen wird. Die Ehefrau, die mit den zwei kleinen Kindern allein dasteht und mit der Schwiegermutter, die ihr das Leben schwermacht, anstatt ihr zu helfen. Ich kann die Ehefrau verstehen, die sich dann nach ihrem Ehemann sehnt und ihn nicht fortgehen lassen möchte. Es ist das Band der Liebe, das die Seelen hält. Es kommt auch eine Zeit, in der die junge Ehefrau ihren Mann gehen und seine Seele dann zurückkehren lässt."

„Fine, woher weißt du, dass Opa Ede eine reife Seele ist?"

„Josie, ich bin auch schon eine ganz alte Seele und war schon oft auf der Erde. Im jungen Seelenalter – also, wenn man die ersten Male auf die Erde kommt, da will man alles erleben. Man möchte alle diese Dinge, von denen die „älteren" Seelen berichten, kennenlernen. Dabei macht man auch dumme Dinge, oberflächliche Dinge.

Eine Seele, wie die von Opa Ede, hat schon vieles erlebt und es ist ihr Ziel, ihre Liebe zu teilen. Denn nur all die Liebe von den reifen Seelen kann die Erde wieder friedlich werden lassen. Reife Seelen zetteln keinen Krieg an, sondern versuchen auf anderen Wegen Konflikte zu lösen."

Kapitel 5

„Fine, erklär mir bitte, wie das mit dem „Wieder-Auf-Die-Erde-Kommen" geht."

„Langsam Josie, erst mal will ich dir noch etwas zu den Seelen erklären. Ich nenne sie jetzt mal Geistsamen. Stell dir mal einen großen Berg Seifenschaum vor. Dieser Berg besteht natürlich nicht aus Seifenschaum, sondern aus Energie - ungebündelter Energie. Dann passiert folgendes: Die ganz alten Seelen, die alles schon auf der Erde gelernt haben, formen aus diesem Energieberg kleine Kugeln... kleine Kugeln aus Geistsamen. Diese kleinen Kugeln wollen natürlich auf die Erde, um zu lernen, denn sie haben von den alten Seelen gehört, wie interessant es da ist. Die Geistsamen warten jetzt auf ihren ersten Einsatz. Hast du eine Ahnung, wie die Geistsamen jetzt auf die Erde kommen?"

„Ja, ich glaube, dass diese Kugeln aus Geistsamen unsere Babys sind."

„Richtig, Josie."

„Fine, lach mich nicht aus, wenn ich dir diese Frage stelle: Kann ein Mensch – so wie ich – erkennen, ob man eine Seele schon einmal gekannt hat?"

„Klar ist das möglich. Erzähl mir, welche Situation du meinst."

„Als ich meinen Sohn – er war ungefähr 6 Wochen alt – eines Abends in sein Bettchen legte, blickte er mich mit den Augen meiner Oma an. Kann es so etwas geben?"

„Ja, Josie, das gibt es. Entweder ist deine Oma als dein Sohn inkarniert oder… das wird jetzt ein wenig ausschweifender… Also, du hast doch bestimmt davon gehört, dass es die Fontanelle gibt?"

„Stimmt, das ist die Stelle am Kopf des Babys, die noch zuwachsen muss. Bei uns wurde immer gesagt: Vorsichtig, das „Leben" ist noch nicht zugewachsen! Meine Oma sagte früher, dass das die Verbindung nach „oben" ist, dass die Babys noch mit dem „Himmel" verbunden sind. Sie erklärte mir auch, dass die Babys, die im Schlaf lachten, mit den Engeln spielten." Fine lächelte und sagte: „Deine Oma wusste schon sehr viel."

„Fine, mir fällt dazu eine Geschichte ein. Wir waren mit unserem jüngsten Enkel

– er war gerade 15 Monate alt - in ein Ein-
kaufscenter gegangen, in dem man Bilder
mit dem Nikolaus machen konnte. Opa
hatte seinen Enkel auf dem Arm. Neben
uns stand ein Vater, der seiner Tochter auf
dem Arm hielt. Und dann geschah dieser
Moment – unser Enkel streichelt das kleine
Mädchen zart durch das Gesicht. Die bei-
den Kinder schauten sich an – schauten
sich tief in die Augen. Wir Erwachsenen
sahen uns an und spürten diesen magi-
schen Moment. Einen Moment, den wir nie
vergessen werden. Einen Moment, in dem
man glaubte, Liebe zu sehen. Nein, man
sah LIEBE. Vielleicht hatten sich zwei
Seelen hier verabredet."

„Josie, du hast schon viele magische Momente erlebt und du kannst sie erkennen und das ist gut. Aus diesem Grunde bist du auch hier, damit ich dir eine Antwort auf deine Fragen geben kann. Ich möchte dir aber noch mehr erklären, und zwar, wie und wann die Seelen wieder zurück zur Erde kommen. Ich muss dir aber noch den zweiten Teil meiner Antwort erklären…

Also entweder ist deine Oma in deinen Sohn inkarniert oder …deine Oma hat durch die Augen deines Sohnes mit dir Kontakt aufgenommen. Dein Sohn war noch mit dem Jenseits verbunden, durch die noch nicht geschlossene Fontanelle.“

„Mmh, also dann glaube ich, dass sie Kontakt zu mir aufgenommen hat. Dieser Moment ist so fest in mir verankert und jedes Mal, wenn ich daran denke, durchströmt mich ein schönes, warmes Gefühl.“

Kapitel 6

„Josie, wo waren wir stehengeblieben? Ich habe dir erzählt, dass die kleinen Geistsamen schon neugierig auf das Leben auf der Erde sind. Jeder hat sich etwas vorgenommen, jeder möchte etwas lernen. Die Seelen suchen sich ihre Eltern danach aus, welche Erfahrungen sie machen möchten. Es gilt das Gesetz der Anziehung. Der Geistsamen oder die Seele wartet also, bis sich die möglichen Eltern für ein Kind entschlossen haben. Sobald der Embryo zum Fötus wird, nutzt der Geistsamen diesen Fötus als sein zu Hause. Ab diesem Moment ist der Fötus beseelt und freut sich auf das Leben. An dieser Freude lässt er auch die Eltern teilhaben, die Mutter spürt jetzt zum ersten Mal eine Bewegung ihres Babys. Mit der Geburt verlässt das Baby den geschützten Raum.“

„Fine, ich kann für mich sagen, dass es nichts Schöneres gibt, als ein Kind auf die Welt zu bringen. Dieser Moment, wenn es in die Welt „will", ist himmlisch. Schmerzen, die vorher waren, sind vergessen und sie sind auch für immer vergessen, denn sonst würde keine Frau mehr als nur ein Kind bekommen. Was ist es, warum dieser Augenblick so geliebt wird? Wird in diesem Moment die Erinnerung an das Jenseits wach? Es muss so sein, denn die Väter, die bei der Geburt dabei waren, erzählen es auch so. Warum sind die Menschen so vernarrt in diese kleinen Wesen? Warum lieben sie diesen Geruch von „Babys". Riechen Babys nach Marshmallows oder umgekehrt?"

Kapitel 7

„Stopp, das sind so viele Fragen, die alle mit einer Antwort zu erklären sind: Ja, die Menschen erinnern sich in diesem Moment an das Jenseits. Jetzt aber zu deiner ersten Frage: Was passiert mit uns, wenn wir sterben?"

„Ich habe aufgepasst. Wir gehen alle zurück zu unserem Ursprung, dahin, wo wir freudig empfangen werden. Wo LIEBE und VERBUNDENHEIT ist. Es ist schön, das zu wissen, denn dann hat der Tod nichts mehr mit dem schwarzen Sensenmann zu tun, sondern nur mit flauschigen Schaumkugeln, die nach Marshmallows duften. Ich habe noch eine sehr wichtige Frage, und zwar: Was können die Menschen tun, die in ihrem Leben anderen Böses angetan haben. Werden auch sie von den anderen Seelen liebevoll empfangen?"

„Ja, Josie es ist so, dass die von den reifen, alten Seelen geformten Geistsamen noch „leer" sind in Bezug auf das „Menschsein". Sie sind wie Samenkörner. Diese „neuen" Geistsamen könnte man auch „Kinderseelen" nennen. Kinder wollen auch alles ausprobieren. Sie haben sich ihre Eltern danach ausgesucht, was sie lernen wollen. Ein Kind, das bei liebevollen Eltern aufwächst, empfindet dies als normal. Ein Kind, das bei brutalen Eltern aufwächst, leidet unter dieser Brutalität. Diese Seelen werden sich für ein späteres Leben liebevolle Eltern aussuchen. So entsteht ein Ausgleich und je reifer die Seelen sind, desto öfter werden sie ein liebevolles Leben führen. Reifere Seelen können keine bösen Menschen sein. Ja, und sie werden von den anderen Seelen liebevoll empfangen, denn durch deren Liebe werden sie reifen."

„Gut, das habe ich verstanden. Es wäre also super schön, wenn viele reife Seelen inkarnieren würden. Was kann aber der

Mensch tun, der weiß, dass er Fehler ge-
macht hat?"

„Um Vergebung bitten. Der Mensch
kann den anderen persönlich oder in Gedanken um Vergebung bitten. Auch bereits
Verstorbene kann man um Vergebung
bitten. Genauso kann natürlich auch ein
Mensch dem anderen vergeben. Jeman-
dem oder auch bereits Verstorbenen etwas
vergeben, erleichtert sehr. Den Menschen
fällt es schwer zu vergeben, aber es be-
freit."

„Fine, ich werde jetzt in meine Welt
zurückgehen, aber wir werden uns wiedersehen. Wenn meine Zeit gekommen ist,
dann freue ich mich auf dich."

Fine sieht mich mit einem Lächeln an.
Plötzlich höre ich ein Lied, ja das ist eins
meiner Lieblingslieder:

Herr, deine Liebe ist wie Gras und Ufer,
wie Wind und Weite und wie ein Zuhaus.

Genau das ist es, was ich gesehen habe, das Zuhause der LIEBE.

Ich bin auf dem Rückweg und schwebe Richtung Ausgang. Die drei Männer spielen immer noch Skat und fragen mich „Und hast du noch Zeit?"

„Zeit und Raum existieren dort nicht."

Sie lachen und rufen: „Du hast es verstanden!!!"

Jetzt habt ihr bestimmt noch eine Frage: "Warum war es eine Ohrhöhle?"

Ganz klar, alles kann man schließen oder beenden. Die Augen und den Mund schließen wir, das Herz hört auf zu schlagen, aber die Ohren bleiben noch über den letzten Atemzug hinaus geöffnet.

Denkt immer daran, dass ein Verstorbener immer noch die letzten Worte hören kann.

Auf Wiedersehen im Seelenland

Weine nicht um mich –
lass es geschehen.
Mein Körper mag nicht mehr,
er liebte zwar das Leben sehr,
doch ist es nun Zeit nach Hause
zu gehen.

Meine Seele möchte heim –
die Zeit ist gekommen.
Die Reise dorthin wird nun beginnen.
Schließ die Augen -
du wirst mich finden.
Liebevoll werde ich dort aufgenommen.

Auf Wiedersehen im Seelenland,
dort wo wir alle sind verwandt.
(Veronika Vollmer)

Liebe Leserin, lieber Leser,

Ein Abschied ist immer etwas Bewegendes! Möchten Sie Ihren Lieben noch etwas sagen, etwas schreiben, was diese dann auch immer wieder einmal zur Hand nehmen können?

Wir bieten Ihnen an, diese Abschiedskarten für Sie zu gestalten. Suchen Sie sich aus unseren Mustern – die Sie bei uns anfordern können - eines aus, das wir mit Ihren persönlichen Angaben versehen. Nehmen Sie dazu Kontakt auf unter:

Federnflug
Veronika Vollmer & Martine Blankenburg
23611 Sereetz – Dorfstr. 94
Tel. 0451 39 68 190
federnflug@gmx.de
www.federnflug.de

Folgende Bücher sind bereits von uns erschienen:

Geschichtenbücher:

für Kinder:
„Und wo ist der Himmel?"

für Jugendliche:
„Und wie geht es mit meinem Leben weiter?"

Bilderbücher:

„Tante Klöpper und ihre Seele"
„Mona – ohne Mama ist plötzlich alles anders"
„Wie sich mein Leben ohne Mama ver- ändert"
„Bin oder war ich Bruder?"
„Der kleine Pelzerich"

Gefühlskartenbuch: „Trauertiere"

Konzeptbuch:
„Konzepte für die Trauerbegleitung von Kindern und Jugendlichen"